Ln 27/1848

N° 99 *bis*.

DISCOURS

PRONONCÉ PAR

MGR L'ÉVÊQUE D'ANGOULÊME

DANS LA CHAPELLE DU SÉMINAIRE DE POITIERS

Le Dimanche 5 Juin 1864

POUR LE CINQUANTIÈME ANNIVERSAIRE DE L'ORDINATION

DE M. L'ABBÉ SAMOYAULT

VICAIRE GÉNÉRAL, ANCIEN SUPÉRIEUR DU SÉMINAIRE.

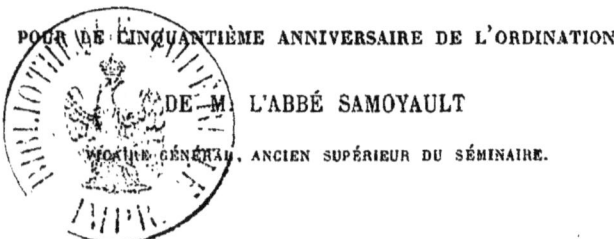

POITIERS

IMPRIMERIE DE HENRI OUDIN,

RUE DE L'ÉPERON, 4.

1864

DISCOURS

PRONONCÉ PAR

Mᴳᴿ L'ÉVÊQUE D'ANGOULÊME

DANS LA CHAPELLE DU SÉMINAIRE DE POITIERS

Le Dimanche 5 Juin 1864

POUR LE CINQUANTIÈME ANNIVERSAIRE DE L'ORDINATION
DE M. L'ABBÉ SAMOYAULT,

VICAIRE GÉNÉRAL, ANCIEN SUPÉRIEUR DU SÉMINAIRE.

Eritis mihi testes.
Vous serez mes témoins.
Act. Apost. I, 8.

MONSEIGNEUR,

Le Sauveur ayant établi sa religion sur des faits accessibles à tous les hommes de bon sens et de bonne foi, a pu réduire tout le ministère de ses apôtres et de leurs successeurs à un simple témoignage. *Eritis mihi testes.* « Je suis venu dans le monde, leur dit-il, pour rendre moi-même témoignage à la vérité (1). Je vous l'ai enseignée durant trois ans : je l'ai confirmée par des œuvres visiblement divines. Vous m'avez vu, vous m'avez entendu, avant et après ma résurrection. Aujourd'hui je vous quitte pour remonter vers mon Père. Mais je vous enverrai mon Esprit. Eclairés et fortifiés par lui, vous serez par vos paroles et par vos œuvres mes témoins, dans

(1) Joan. XVIII, 37.

Jérusalem, dans la Judée, et jusqu'aux extrémités de la terre. Ce que je vous ai dit, vous le confierez à des disciples fidèles, que vous jugerez propres à l'enseigner à d'autres (1) : je suis avec vous, dans cet enseignement, jusqu'à la fin du monde (2) ».

Ainsi dans l'Eglise la vérité est un dépôt. Qui le garde fidèlement et le communique généreusement est pasteur et docteur; qui le défend intrépidement, même au péril de sa vie, est confesseur ou martyr. C'est le plus haut témoignage qu'un homme puisse rendre à la vérité ; c'est la gloire suprême à laquelle puisse aspirer un disciple de Jésus-Christ.

Cette gloire, Messieurs, c'est celle de nos ancêtres : elle appartient à cette génération de prêtres et d'évêques, auxquels nous succédons. La vôtre, mon vénérable ami, c'est d'avoir été leur fidèle disciple ; c'est d'avoir continué leur œuvre, pendant cinquante ans de sacerdoce, toujours dans leur esprit, avec la même droiture, avec une invincible fermeté. Ne craignez rien, vous n'aurez pas de moi d'autre éloge.

Après Dieu, à qui remonte toute louange légitime, comme à l'auteur de tout don parfait, vers qui se portent aujourd'hui toutes nos actions de grâces avec les vôtres, pour les immenses faveurs dont il vous a comblé, durant ces trois quarts de siècle, je ne veux louer, dans cette fête de la vieillesse et du sacerdoce, que ces vieux prêtres du temps passé, qui furent nos maîtres et nos modèles, dont le souvenir se lie si étroitement à celui de votre ordination et de votre premier sacrifice. « Louons aujourd'hui en

(1) 2 Tim. ii, 2.
(2) Matth. xxviii, 20.

toute liberté ces hommes pleins de gloire, qui sont nos pères et dont nous sommes la race : *Laudemus viros gloriosos et parentes nostros in generatione sua* (1).

Au 4 juin 1814, vous entriez par le sacerdoce dans les premiers rangs de ce jeune clergé vers lequel se portaient déjà les vœux de notre enfance. Quinze ans, vingt ans après, on nous comptait encore dans ce jeune clergé, malgré des signes trop visibles de l'approche de la vieillesse. C'est qu'au milieu de nous apparaissaient encore nombreux les représentants de ce clergé vénérable, auquel appartenait exclusivement le glorieux titre d'ancien clergé. Il n'y avait point alors, dans les assemblées ecclésiastiques, ces nuances intermédiaires de l'âge mûr, par lesquelles la seconde jeunesse se lie presque imperceptiblement à la première vieillesse. Une large tranchée de vingt ans, un grand abîme, *chaos magnum*, comme dit l'Evangile (2), séparait les jeunes prêtres des anciens. Mais, à la gloire de ces derniers, disons bien vite que la distance des âges, loin de séparer les esprits et les cœurs, formait entre eux une union plus étroite encore que celle des frères et des condisciples, l'union des maîtres avec leurs élèves, des pères avec leurs enfants.

Cette large tranchée, ou si vous voulez, ce grand abîme, je n'ai pas besoin de vous dire, Messieurs, qui l'avait creusé.

Durant dix ans, la France, la fille aînée de l'Eglise, avait été sans prêtres, sans autels, sans Dieu, livrée à toutes les fureurs du délire le plus impie. Résolus d'écraser l'Infâme, c'est-à-dire la sainte Eglise de Jésus-Christ

---

(1) Eccli. xliv, 1.
(2) Luc. xvi, 26.

dont le nom seul leur renversait le sens, les tyrans avaient décrété l'exil, puis la mort, puis des supplices atroces contre les prêtres fidèles à leurs serments. L'échafaud, les massacres, les horribles pontons de Rochefort firent des milliers de martyrs : sanglante expiation, sans doute nécessaire pour laver la tache imprimée au clergé de France par l'apostasie de plusieurs milliers de ses prêtres. Pour l'épiscopat du moins, cette intention de la Providence semble se révéler par ce choix d'un archevêque et de trois évêques martyrs, opposés à un archevêque et à trois évêques apostats ; par la gloire des anges des églises d'Arles, de Saintes, de Beauvais et de Dol, opposée à l'ignominie des traîtres de Sens, d'Autun, d'Orléans et de Viviers. Ainsi purifiés par le sang des uns, par la défection des autres, 130 évêques, 40,000 prêtres fidèles furent jetés aux quatre vents du ciel, sur toutes les plages de l'Europe et du Nouveau-Monde, et portèrent partout, avec l'admiration de leurs vertus, des semences de foi et de courage chrétien, qui depuis n'ont cessé de germer en toutes sortes de fruits de bénédiction.

Demandez aujourd'hui à l'Angleterre d'où date chez elle ce retour à l'antique foi, qui sera compté parmi les plus grands événements de ce siècle. Cherchez, dans l'Amérique du Nord, les premières origines de ces cinquante églises, pleines de jeunesse et d'avenir ; vous trouverez partout les noms bénis de ces glorieux exilés du clergé de France : Maréchal de Baltimore, Chéverus de Boston, Flaget de Bardstown, Dubourg de la Nouvelle-Orléans. Certes, les terribles auteurs de la Constitution civile du clergé, frères aînés des bourreaux des Carmes, de l'Abbaye et de Saint-Firmin, ne se doutaient pas qu'ils travaillaient à la propagation de la Foi catholique en Angleterre et dans le Nouveau Monde ; pas plus que ceux qui se vantaient d'avoir enterré à Valence le dernier des Papes, ne croyaient préparer l'élection de Pie VII, le Concordat et le renouvellement de l'Eglise de France. C'est pourtant ainsi que Dieu, du haut du ciel, se rit des impies et de leurs vains complots contre son fils, que le Tout-Puissant se moque des habiletés de ses ennemis : « *Qui habitat in cœlis irridebit eos et Dominus subsannabit eos* (1). » Il les laisse s'engager dans leurs voies tortueuses, s'applaudir quelque temps du succès de leurs ruses ou de leurs violences ; mais c'est pour les amener à une conclusion toute contraire à leurs desseins, à une sotte fin, dit énergiquement l'Ecriture, à un résultat inattendu dont ils restent stupéfaits. *Adducit consiliarios in stultum finem et judices in stuporem* (2).

L'enfant qui voit la tempête déchaînée contre un grand arbre courber sa tête, briser ses rameaux, emporter au loin ses feuilles et ses fruits, s'imagine qu'elle va le briser ou le déraciner. Elle n'emporte guère que des feuilles sèches, n'abat que des branches mortes et déjà pourries : par la secousse dont elle l'agite et qui se fait sentir jusqu'aux racines, elle leur fait trouver au sein de la terre de nouveaux sucs qui donnent au tronc et aux moindres branches une nouvelle vigueur, pendant que ses fruits dispersés au loin donnent naissance à d'autres arbres qui étendront à de nombreux voyageurs le bienfait de son ombrage.

Ceux qui avaient déchaîné la révolution contre l'Eglise voulaient bien la renverser : ils ne firent que l'émonder et

(1) Ps. II, 4.
(2) Job. XII, 17.

la rajeunir. Les enfants d'orgueil et de révolte, les hommes d'argent ou de licence, amateurs de plaisirs plus que de Dieu, *voluptatum amatores magis quàm Dei* (1), qui s'étaient glissés dans le sanctuaire, pour s'en approprier les trésors ou y goûter le repos dans la mollesse, tous ceux-là furent tout d'abord retranchés. Ils se jugèrent eux-mêmes, en adhérant au schisme constitutionnel. Mais ceux qui tenaient à Jésus-Christ plus qu'à leur vie, trouvèrent dans les privations et les souffrances de l'exil un accroissement de foi et de zèle : par la patience et la résignation dans le malheur ils ajoutèrent à leur vertu sa dernière perfection.

Ils se dépouillèrent aussi peu à peu, au contact de leurs charitables hôtes, de cet orgueil national, de ces préjugés d'éducation, qui tendaient à séparer le clergé de France du reste du clergé catholique. Depuis deux cents ans, l'histoire était faussée chez nous par des mensonges intéressés, dont le redressement eût été interdit par l'autorité publique. La théologie elle-même avait sur des points importants des maximes qu'on avait peine à concilier avec la grande doctrine catholique. L'asservissement de l'Eglise, déguisé sous le nom de libertés gallicanes, était consacré par l'enseignement officiel. Dans l'exil, bien des difficultés s'éclaircirent, bien des doutes se dissipèrent par les nombreux rapports des prêtres français avec leurs nouveaux amis, par les conférences des évêques et des docteurs avec les évêques et les docteurs allemands, espagnols et italiens, souvent même par la simple lecture d'ouvrages restés scellés pour eux, tant qu'ils n'avaient connu que la France. Comme la charité les unissait les uns avec les autres, que dans cette étude l'amour

(1) 2 Tim. III, 4.

de la vérité, à laquelle ils avaient tout sacrifié, les dirigeait uniquement, ils l'embrassaient de bon cœur, sitôt qu'elle leur apparaissait ; ils s'en faisaient ensuite volontiers les propagateurs parmi leurs frères, imbus longtemps comme eux des mêmes préjugés. C'est ainsi que notre saint compatriote, François d'Aviau, archevêque de Vienne, plus tard de Bordeaux, aidait à Rome, dans ses recherches et ses travaux, le savant prélat Marchetti, célèbre déjà par la réfutation des dangereuses erreurs de Fleury. Puis, la leçon des événements parla plus haut que tous les livres et tous les raisonnements des docteurs. Les prétentions gallicanes durent tomber du même coup que l'Eglise gallicane elle-même, par le fait seul de ce Concordat déclarant vacantes toutes les Eglises de France, que leurs vénérables titulaires y consentissent ou non : ainsi le jugeait nécessaire pour le salut du troupeau le Pasteur suprême ; ainsi le décidait, de sa propre autorité, le Souverain Pontife, par le plus grand acte d'omnipotence qu'eût fait aucun de ses prédécesseurs depuis les apôtres. Et c'était (merveilleux conseil de la divine Providence!) c'était à la requête du gouvernement français, de cette puissance qui s'était toujours montrée si jalouse de mettre des bornes à la puissance même spirituelle des Papes. Que par une pitoyable inconséquence elle l'ait essayé encore depuis, ces vaines tentatives n'ont plus trompé les vrais catholiques et surtout le clergé. Nous avons vu de nos yeux expirer le gallicanisme dans la Petite-Eglise du Bas-Poitou.

Aussi tous les évêques, tous les prêtres qui rentrèrent en France, au commencement de ce siècle, pour y reprendre leur saint ministère, étaient complétement de la grande Eglise, unis d'esprit et de cœur avec le vicaire de Jésus-

Christ, avec le successeur de Pierre, et par lui avec tous les évêques du monde catholique.

Vous l'avez vu dans vos jeunes ans, mon vénérable ami, ce retour triomphal de tous ces glorieux exilés. Vous vous rappelez encore ces cris, ces larmes de joie des populations chrétiennes à la première vue du bon pasteur qui avait instruit leur enfance. Il revenait, après dix ans d'exil, couronné de la double majesté de la vertu et du malheur, les cheveux blanchis sous un ciel étranger, mais le cœur rajeuni par la joie de retrouver encore la France si chrétienne. Saint Jérôme dit quelque part que le retour de saint Hilaire, après quatre ans d'exil en Orient, après ses grandes victoires sur les Ariens, fut une fête pour toute l'Eglise des Gaules, qu'elle l'embrassa avec un surcroît de respect et d'amour. Cette fête, Messieurs, s'est renouvelée en France, au commencement de ce siècle, dans plus de vingt mille paroisses, avec un élan et une ferveur proportionnés aux hontes et aux douleurs de ces dix années de la grande tribulation. Quelle joie de rentrer dans cette église enfin rouverte et purifiée des souillures du schisme ou de l'impiété ; d'y voir remonter à l'autel le prêtre vénérable qu'on n'avait jamais oublié, de pouvoir jeter dans son sein le fardeau des fautes de tant de tristes jours ; d'assister désormais librement, en pleine lumière du soleil, à l'auguste sacrifice qui ne serait plus interrompu par la terreur ou les menaces des impies ! Mais quels sanglots éclataient aux premiers accents de cette voix connue, retentissant de nouveau dans cette chaire restée si longtemps muette ! Je n'ai eu dans mon enfance qu'un écho affaibli de cette grande solennité. Mais vous, mon vénérable frère, vous l'avez vue de vos yeux, vous l'avez entendue de vos oreilles, à un âge où votre esprit pouvait la comprendre, où votre jeune cœur pouvait en goûter toute la joie.

Ah! je ne m'étonne pas que dès lors vous ayez conçu le généreux dessein de vous attacher à ces saints hommes, de travailler avec eux à relever les ruines du sanctuaire. Pour moi, je l'avoue sans peine, le premier attrait qui m'a poussé vers le sacerdoce m'est venu de la vue de ces hommes vénérables, de ces confesseurs de la foi, de ces vieillards si respectés de nos parents, si bons, si affectueux pour nous-mêmes, si simples et si dignes tout à la fois, qu'il ne nous semblait pas possible qu'ils eussent jamais dit ou fait rien qui pût déplaire à Dieu. Sévères pour eux-mêmes, ils poussaient, vis-à-vis des autres, l'indulgence et la générosité, jusqu'à s'interdire la moindre plainte, le moindre mot qui pût rappeler les injustices dont ils avaient été victimes et par là humilier leurs persécuteurs, lors même que ceux-ci ne leur pardonnaient pas encore le mal qu'ils leur avaient fait (1).

Qu'elle soit donc en bénédiction la mémoire de ces saints prêtres, qui faisaient éclore les vocations ecclésiastiques par le seul spectacle de leur vertu! Qu'ils soient bénis par-dessus tous, ceux qui se dévouèrent, dès le commencement, au pénible soin de cultiver ces vocations naissantes, pour combler les vides affreux faits dans le sanctuaire par l'échafaud, par les prisons, par les douleurs de l'exil et par cette longue interruption des études saintes et des ordinations.

(1) Des associations pieuses de ces prêtres revenus de l'exil en prirent l'engagement par écrit, notamment dans les environs de Barbezieux.

Ce sera l'éternelle gloire de ces illustres vicaires capitulaires de Poitiers, Augier de Moussac, Soyer, Brumauld de Beauregard et d'Argence, du premier surtout, d'avoir si bien organisé le recrutement de la sainte milice, d'avoir établi, à Bressuire d'abord, puis à Montmorillon, des Petits-Séminaires si florissants que le saint Evêque appelé à consoler de son long veuvage l'Eglise de Poitiers y trouva, dès son arrivée, l'espoir certain de remplir en peu de temps tous les vides du sanctuaire.

Pour apprécier dignement un si grand service, il faut avoir vu de ses yeux l'état d'un diocèse où il a manqué, où l'indifférence de l'Evêque et le découragement des prêtres ont retardé de vingt ans cette œuvre fondamentale, Dominique de Pradt n'y aurait pas plus travaillé que Dominique Lacombe. Mais il eût le bonheur d'y être suppléé par des hommes supérieurs, et le mérite de leur laisser pour le bien du diocèse une pleine liberté d'action. Sous leur impulsion, des hommes pleins de zèle et de dévouement changèrent leurs maisons curiales en autant de petites écoles ecclésiastiques, où des enfants, choisis avec un pieux discernement, faisaient une première étude de leur vocation et se préparaient tout à la fois aux fonctions du saint ministère et à cette culture littéraire plus élevée qui doit précéder les graves études philosophiques et théologiques.

Votre reconnaissance, Messieurs, évoque d'elle-même, en ce moment, leur sainte mémoire : Audios, de Ruffec, ancien docteur de la Faculté de Poitiers, gardien fidèle des anciennes méthodes, de la vieille franchise et de la vieille sévérité, qui aimait si bien ses élèves et les châtiait si bien qu'il n'en est pas un seul qui aujourd'hui encore ne verse des larmes à son seul souvenir ; qui voulut mourir parmi ses chers Incurables de Poitiers, toujours professeur de la dernière classe de son école; Delaunay, de Thénezay, non moins fidèle aux mêmes maximes d'éducation, vers lequel se portent en ce moment toutes les pensées, à la vue de son fils aîné, de son plus cher élève; Bichon, d'Airvau, vicaire à soixante-dix ans, si humble et si bon, si vénérable dans sa simplicité ; Fournet, de Maillé, vénéré de son vivant et pour de longs siècles sous le nom du *Bon Père* par toute la contrée et par cette admirable société de vierges chrétiennes, dont il a enrichi l'Eglise de Dieu; et ces trois curés de Châtellerault, Bernard, Nassau et Serreau, dont le zèle a su transformer une ville de commerce et d'industrie en une ville lévitique ; et Lainé, de Saint-Maixent, savant professeur de l'ancienne université, dont le mérite se confond avec celui de son admirable nièce. Disons-le bien haut sur la tombe à peine fermée de Madame Thomas, de cette digne fille de Sainte-Radegonde : elle sut trouver dans son dévouement à Dieu et à l'Eglise le secret d'apprendre en une seule année plus de latin que n'en apprennent nos bacheliers actuels en dix ans d'étude dans nos colléges les plus renommés ; elle devint l'utile suppléant de son saint oncle, et a pu voir avant de mourir quatre de ses élèves siéger avec honneur dans le Chapitre de l'Eglise cathédrale (1).

Mais vous vous étonnez, Messieurs, je le sens, que je

(1) Elle embrassa la vie religieuse après la mort de son oncle. Elle est morte en l'année 1863, au monastère de Sainte-Croix de Poitiers, âgée de 83 ans. Une autre religieuse du même monastère, madame Mazure, fille et sœur de deux inspecteurs de l'Université, possédait la littérature latine à un degré très-rare aujourd'hui, même parmi les gens de lettres.

n'aie encore rien dit de l'école de Saint-Amant et de son vénérable fondateur. Ah ! c'est lui dont le souvenir domine ici tous les autres. Vous le voyez encore à cet autel, offrant le divin Sacrifice avec cette angélique piété qui attendrissait les âmes les plus sèches ; vous l'entendez dans ce chœur chantant les louanges de Dieu avec ce ravissement qui l'unissait déjà aux concerts des esprits célestes. Volontiers, chacun de vous prendrait ce Cœur, déposé au pied de cette muraille, pour le placer au milieu des saintes reliques de l'autel. Mais nous ne sommes pas encore arrivés, dans notre course du temps passé, à ce grand Séminaire. A Saint-Amant, M. Meschain eut le bonheur de trouver dans son premier élève un digne successeur, un excellent continuateur de sa modeste école.

Tous ces prêtres vénérables que j'ai nommés jusqu'ici étaient dispersés en Espagne, en Angleterre, en Italie en Allemagne : nulle part en France ils n'auraient pu se montrer à la lumière du jour, si ce n'est au péril de leur vie, lorsque le jeune Joseph Brillaud, voyant la Vendée elle-même, la fidèle Vendée, menacée de perdre ses derniers prêtres dans les massacres de chaque jour, conçut la généreuse pensée de se préparer au sacerdoce. Une grammaire teinte de sang, un dictionnaire sauvé de l'incendie d'un château faisaient partie du petit mobilier sacré qu'il portait à côté de son saint maître, M. Logeais, le même qui avait eu pour vicaire M. Meschain, alors réfugié au séminaire de Ségovie. Il étudiait en cachette la langue de l'Eglise, comme une science occulte, sous les buissons, dans les champs de genêts, souvent au bruit de la fusillade qui recherchait de préférence la tête des prêtres et de leurs adhérents. Dieu bénit assez la bonne volonté de l'humble jeune homme et les leçons qu'il prit plus tard au collége de Beaupréau et au Séminaire de Maisdon (1) pour en faire l'aîné de tout le jeune clergé du diocèse, puisqu'il fut ordonné prêtre en 1806. M. Arnaudeau, qui l'avait précédé, appartient à l'ancien clergé, comme un de ses membres les plus vénérables. Il était diacre avant la révolution et avait mérité par son zèle d'être déporté avec les prêtres sur les pontons de Rochefort. On eut peine, en 1803, à vaincre les scrupules de son humilité et à lui faire accepter le sacerdoce, bien que ses mains fussent déjà consacrées par la sépulture donnée à plus de deux cents confesseurs de la foi, ses compagnons et ses amis dans cette horrible captivité. M. Brillaud fut donc le premier prêtre du nouveau clergé poitevin. Longtemps il fut le seul et se dévoua volontiers à se préparer des successeurs dans cette école de Saint-Amant que venait de quitter M. Meschain, pour obéir à la voix de Dieu et prendre la direction du Petit-Séminaire de Bressuire. Le nouveau curé de Saint-Amant, l'homme le plus simple et le plus droit qui fut jamais, a continué son œuvre, toujours dans le même esprit de simplicité, jusqu'au dernier soupir de sa vie. Je n'ai point à dire avec quel succès ; mais plus de soixante-dix prêtres le vénèrent comme leur père, et si la modeste école de Châtillon est si chère au cœur de votre évêque, c'est qu'elle n'a pas de plus haute ambition que celle de continuer l'école du curé de Saint-Amant.

Toutefois ce n'est que par son âge et par la date de son ordination que M. Brillaud peut être appelé l'aîné du jeune

(1) Paroisse du diocèse de Nantes, dont le curé forma dans sa maison un Séminaire aussitôt après le Concordat.

clergé du diocèse. Dans la vérité des choses et par la grâce propre du droit d'aînesse et de la succession paternelle, c'est à vous, mon vénérable ami, que ce titre appartient. C'est vous qui avez été choisi de Dieu pour remplacer auprès de vos frères l'admirable père que Dieu avait également choisi pour eux dans les rangs de l'ancien clergé. C'est vous qui avez dû être, avec lui d'abord, puis après lui, le témoin fidèle, chargé de transmettre à cette nouvelle génération de prêtres l'ancienne doctrine, l'ancienne discipline, les bonnes traditions, les mœurs sacerdotales du vieux clergé qui s'éteignait. Nul effort de modestie ne saurait vous faire décliner ce titre glorieux. Les faits sont là pour vous l'imposer souverainement. Dans ce clergé de plus de huit cents prêtres, je ne pense pas qu'il y en ait huit aujourd'hui, qui ne soient ou vos élèves, ou les élèves de vos élèves, de telle sorte, que le jubilé de votre sacerdoce est bien véritablement la fête de tout le clergé de ce grand diocèse.

Je n'ai point à dire par quelles voies mystérieuses, par quels dons de nature et de grâce Dieu vous avait préparé à ce beau ministère. Soyez tranquille : je vous ai promis de me taire sur vous, de ne parler que des excellents maîtres qui vous ont formé. Je mets ainsi à l'aise votre modestie et je remplis, j'en suis sûr, le vœu le plus cher de votre cœur.

L'Eglise de Poitiers, renouvelée et rajeunie par la persécution, offrait par centaines des témoins fidèles de la vérité, qui après l'avoir confessée dans les prisons et dans l'exil, avaient plein droit de l'enseigner à des disciples, destinés à leur succéder plus tard dans ce même enseignement. Mais elle n'était pas la seule qui jouît de cet avantage ; la plupart des diocèses de France le partageaient avec elle. Et néanmoins, presque tous envoyaient les futurs maîtres de la science sacrée se former dans une école supérieure, où semblaient se réunir, comme dans une sainte académie, toutes les vertus, tous les mérites divers de science et de piété qui avaient fait, au jour solennel de l'épreuve, la gloire de l'ancien clergé de France. Là, le vénérable abbé Emery, le père et le conseiller des évêques, dans les temps les plus difficiles, écouté avec respect par l'Empereur lui-même; Antoine Duclaux, son successeur de douce mémoire; notre savant compatriote Antoine Garnier, revenu d'Amérique pour enseigner la langue sainte et tous les mystères des lettres sacrées; les deux amis Boyer et Frayssinous, si connus, si vénérés dans toute la France, où leur éloquente parole retentit toujours, et bien d'autres encore, dont le nom est écrit dans le ciel, comme dans le cœur de tous les amis de l'Église, formaient pour des luttes nouvelles une jeunesse pleine de ferveur et d'enthousiasme pour sa sainte mission.

Telles furent les maîtres du futur directeur de ce séminaire, et quelque temps après de son éminent et fidèle ami, Louis Taury, de docte et sainte mémoire, dont le souvenir si vivant encore à Poitiers, à Chauvigny, à La Puye, à Niort, ne périra jamais dans ce diocèse. Mais lui, il ne devait passer ici que les années de sa jeunesse, tandis que vous, Monsieur, prédestiné à cette grande œuvre de la formation du clergé, vous deviez y consacrer les trente années de votre vigueur.

Vous entriez ici, en 1814, à une grande époque, pleine de terreurs et d'espérances. Dieu dissipa les premières et ne permit pas que les secondes fussent remplies. L'Église toujours militante ici-bas, le fut alors plus que jamais. J'en dirais bien les causes ; mais ce grave sujet m'entraînerait trop loin. Vous qui deviez les expliquer à la jeunesse lévitique, vous veniez avec un esprit mûri avant l'âge par les leçons des meilleurs maîtres, et aussi par l'éloquence des grands événements accomplis sous vos yeux. Enfant, vous aviez vu l'église de votre paroisse profanée, puis fermée, lorsque la république pénétrait au foyer de votre père, pour tenter de l'entraîner dans une lutte fratricide contre les défenseurs de l'antique foi et de la vraie liberté. Puis vous aviez vu, après quelques années, cette foi triompher et cette église se rouvrir, au milieu des cris de joie d'un peuple toujours resté chrétien. Jeune clerc, vous aviez vu le Pape captif, le sacré collége dispersé, toute l'Eglise en deuil ; vous aviez recueilli le dernier soupir du vénérable abbé Emery, s'écriant sur son lit de mort : Quel beau temps pour mourir ! Je suis sûr qu'après plus de cinquante ans, vous voyez encore, dans la chapelle des Tuileries, ce regard terrible qui vous fit baisser les yeux, mais qui n'intimida pas votre foi. C'était à la suite de cet incomparable désastre de Russie. Le grand Empereur, vaincu, non par une main d'homme, mais par celle de Dieu, semblait commencer à le comprendre. Au feu sombre de ses regards, on eût dit qu'il pensait, devant les autels, à son captif de Fontainebleau, et qu'il avait comme une vision de sa propre captivité sur le roc de Sainte-Hélène. Mais non, ni lui, ni personne n'eût pu prévoir une pareille expiation.

Pendant qu'elle s'accomplissait, aux yeux du monde épouvanté, vous, Monsieur, vous vous livriez, dans la paix de cet asile, à l'étude des saintes lettres, qui racontent et expliquent tant d'autres révolutions, et avec ce bon sens pratique, cette rare rectitude de jugement sur les choses et sur les hommes, vous traciez, en dehors de toute exagération comme de tout relâchement, la voie que devaient suivre les jeunes prêtres, dans un ministère hérissé de difficultés. Les trésors de théologie morale, amassés à Saint-Sulpice, accrus par la pratique du saint ministère, vous les avez versés largement dans un enseignement de près de vingt années.

Mais l'enseignement n'est pas tout dans les séminaires. S'il en était ainsi, jamais le saint Concile de Trente n'aurait pensé à les établir : les anciennes universités pouvaient suffire. Ce qui fait le fond du séminaire, c'est une sainte discipline, un ensemble de règles et de pieux exercices, de communications intimes avec des maîtres expérimentés capables d'ouvrir, d'élever l'âme des jeunes clercs, de leur communiquer cette sève de vie sacerdotale, qui en fait des hommes de Dieu, préparés pour toute sorte de bien, *homo Dei ad omne opus bonum instructus* (1).

Si cette éducation ressemble beaucoup à celle de la famille, s'il y faut pour développer le caractère, pour former l'esprit et le cœur, les soins réunis d'un père et d'une mère, on peut dire que durant vingt ans le séminaire de Poitiers a possédé ces deux trésors.

N'était-ce pas une mère que ce vénérable M. Meschain, au regard si pur et si doux, à la parole si tendre et si affectueuse, si charitable qu'il ne pouvait ni penser ni voir le mal? N'était-ce pas le lait le plus pur des saintes Écritures et de la doctrine des saints Pères qui coulait, comme de deux mamelles intarissables, de ses leçons et de

---

(1) 2 Tim. III. 16.

ses oraisons de chaque jour. Il suffisait de le voir et de l'entendre pour s'attacher à lui par un tendre respect et une affectueuse vénération. Mais la famille ecclésiastique n'est pas toute composée de ces doux enfants qu'un seul regard de la mère suffit à contenir dans le devoir. Des natures excellentes, pleines de sève et de verdeur, qui bien cultivées porteront plus tard des fruits délicieux, se plient difficilement à une austère discipline. D'autres, plus mous, ont peine à se résoudre au travail sérieux, à manger à la sueur de leur front le pain de la science. Puis, il est des âmes ignorantes d'elles-mêmes, qui prennent pour vocation au sacerdoce une vague admiration des fonctions saintes, sans bien peser le fardeau qu'elles imposent, et d'autres encore qui, à leur insu, y cherchent autre chose que la gloire de Dieu et le salut des âmes.

Pour ce discernement délicat, pour l'étude de toutes ces vocations, il faut un œil clairvoyant, une vigilance infatigable. Pour le maintien de la discipline, pour la réforme des défauts et des travers, pour la formation des caractères, il faut souvent joindre à la douceur de la mère la ferme autorité du père et parfois son inflexible sévérité. Heureux ceux qui peuvent unir en eux-mêmes dans un juste tempérament ces deux caractères de l'autorité paternelle et maternelle! Vous avez eu ce bonheur, mon vénérable ami, pendant les neuf années où je vous ai vu Supérieur de ce séminaire. Vous avez pu alors n'être que bon parce qu'on savait qu'au besoin vous sauriez être sévère. Mais j'ose dire que votre principal mérite devant Dieu et devant les justes appréciateurs des choses, c'est d'avoir été le gardien vigilant de la discipline et des bonnes règles, pendant les vingt années précédentes, et je ne serais pas surpris que les respectables prêtres, formés par vous dans ces jours de votre jeunesse et de votre vigueur, se sentissent pour vous au cœur aujourd'hui encore plus de tendre reconnaissance que la génération plus jeune, qui n'a vu de vous que la bonté et la douceur.

Je m'arrête ici. Je n'ai point à parler de vos successeurs, si ce n'est pour dire qu'ils se sont toujours attachés à continuer votre œuvre dans le même esprit, toujours heureux de la sagesse de vos conseils, toujours assurés de votre bienveillance et de votre fidèle amitié. Je ne dirai pas davantage quel utile concours vous n'avez cessé de donner, depuis vingt-cinq ans, dans l'administration de ce vaste diocèse, aux trois évêques qui ont si dignement rempli le siège de Saint-Hilaire. Il serait difficile de dire lequel a attaché plus de prix à vos loyaux services, aux conseils de votre expérience, à la solidité éprouvée de votre respectueuse amitié. Je crois pourtant, Monseigneur (et cet éloge se partage entre vous et votre fidèle coopérateur) que c'est vous qui avez le mieux savouré la douceur de ce vieux vin, qui conserve encore de si beaux restes de sa première sève et de son ancienne vigueur. *Veterascet et cum suavitate bibes illud* (1). Puissiez-vous en jouir encore durant de longues années, pour la consolation de votre cœur, pour le soulagement de votre laborieux ministère, pour l'honneur d'un épiscopat auquel ne manque aucune gloire, ni celle qui vient du respect des amis de l'Eglise, ni celle qui vient de la haine de ses ennemis (2).

Pour vous, mon vénérable frère, je crois pénétrer au fond de votre pensée, dans cette fête du cinquantième anniver-

(1) Eccli. ix. 15.
(2) Hieronym. ad August. Epist.

saire de votre ordination : mon propre cœur me révèle le vôtre. Vous êtes partagé entre la vue des dons de Dieu et celle du compte qu'il vous en demandera. Quels souvenirs nous rappelle à l'un et à l'autre cet autel où nous sommes montés si souvent, en présence de ces jeunes lévites dont nous avions la charge ! lourde charge, puisque chacune de ces âmes pèse de tout le poids d'une paroisse ! Mais ayons confiance : nous avons un bon maître, *Dominum bonum habemus*, comme disait un grand évêque, saint Ambroise, pour se rassurer à ses derniers moments (1). Comptons sur sa miséricorde, et que la vue de nos fautes ne diminue pas en nous l'admiration et la reconnaissance pour ses immenses bienfaits. Un demi siècle de sacerdoce consacré aux fonctions les plus saintes, les plus élevées, dans une grande et illustre Église, cette glorieuse paternité, cet héritage transmis par vous de nos pères, les martyrs et les confesseurs, à une génération nouvelle, qui, elle aussi, a eu jusque dans les régions les plus lointaines ses confesseurs et ses martyrs ; cette couronne de prêtres, qui vous entoure de ses respects, qui, en ce moment, fait monter avec vous vers le ciel le cri de sa prière, et s'unit à votre reconnaissance ; n'y a-t-il pas là de quoi faire oublier un instant sa propre faiblesse, de quoi confondre et abîmer une âme devant Dieu, dans la seule admiration de ses bienfaits ? Jouissez-en, mon vénérable ami, de ces bienfaits de notre bon maître, dans une humble soumission à sa volonté, dans la joyeuse attente d'une joie encore meilleure et plus complète. Restez encore longtemps devant cette jeunesse, comme un témoin fidèle des temps anciens, de la doctrine ancienne, des anciennes

(1) Paulin. presb. in vitâ S. Ambrosii.

mœurs sacerdotales, comme un témoin aussi des épreuves et des victoires de l'Eglise, comme un digne représentant de cet ancien clergé de France, de ces vénérables vieillards, qui nous ont tracé la voie. Ils sont devant Dieu aujourd'hui, dans l'éternelle paix. Puissent leurs enfants, les enfants de leurs enfants, toujours dignes de ces admirables pères, être associés à leur gloire et à leur triomphe dans la bienheureuse éternité !

AMEN !

www.ingramcontent.com/pod-product-compliance
Lightning Source LLC
Chambersburg PA
CBHW070453080426
42451CB00025B/2716